As 120, Orações da Manhã mais poderosas que todo cristão precisa saber

Por Roberto Victorio

ISBN: 9798644380787

Título: As 120, Orações da Manhã mais poderosas que todo cristão precisa saber

Autor: Roberto Victorio

Todos os direitos reservados. Proibida reprodução total

ou parcial deste trabalho sem Autorização devida do autor.

Site:

estudoefetivodabiblia.com

E-mail:

contato@estudoefetivodabiblia.com

AS 120, ORAÇÕES DA MANHÃ

MAIS PODEROSAS QUE TODO CRISTÃO PRECISA SABER

Roberto Victorio

Sumário

Oração por Cura 21

Oração da Manhã 27

Oração do Meio Dia 35

Oração da Tarde 37

Oração da Meia Noite............40

Oração Noite e para Dormir .42

Oração da Madrugada...........50

Oração da Semana..................53

Oração da Família 57

Oração do Livramento...........63

Oração forte de libertação 67

Oração para Começar Bem o Dia 73

Oração Pela Mães 78

Oração Pelo Pai......................80

Oração pelo Bebê....................81

Oração para Dormir em Paz.82

Oração para abrir os caminhos 87

Oração para Conquistar um Emprego 90

Oração para o Casamento.....93

Oração Pela vida Financeira.95

Oração por Prosperidade......97

Oração Antes da Alimentação 99

Oração por Aniversário.......103

Oração por Tempos Difíceis 104

Oração Antes do Estudo 107

Oração Pelo Cônjuge 109

Oração de Gratidão..............111

Oração para Deus Tirar as Preocupações 115

Oração Contra o Mal............117

Oração por Proteção 119

Oração Diversas....................120

Oração

A oração é o diálogo com Deus. Isso significa que orar é basicamente falar com Deus.

Por que devemos orar?

1. Para buscar a face do Senhor e conhece-Lo melhor (Salmo 27:8)

2. Para não olhar para os problemas, e sim para o Senhor (Salmo 121:1)

3. Para falar com Deus (I Pedro 3:12)

4. Para se derramar diante dEle (Salmo 142:1-2)

5. Para apresentar seus pedidos a Deus (Mateus 21:22)

6. Para se libertar do sofrimento (Tiago 5:13)

7. Para resistir a tentação (Mateus 26:41)

8. Para ser resgatado na angústia (Salmo 107:19)

9. Para receber a recompensa do Senhor (Mateus 6:6)

10.   Para resistir ao mal (Efésios 6:13)

11.   Para ter alegria (João 16:24)

12.   Para achegar-se a Deus (Isaías 64:7)

13.   Para receber cura emocional (Tiago 5:13)

14.   Para ter paz (Filipenses 4:6-7)

Lugar tranquilo

Antes de começar, encontre um lugar tranquilo onde você se sinta confortável. Uma boa maneira de

começar é se dirigir nominalmente a Deus. Você pode dizer "Deus Amado", "Pai Eterno", "Nosso Pai que estás nos céus...", ou simplesmente "Deus".

Converse com Deus

Fale com Deus usando seu coração e compartilhe suas esperanças e desejos, suas preocupações e problemas. Você pode pedir-Lhe ajuda, perdão, cura ou qualquer

outra. Confie a Ele tudo o que está em seu coração, reconhecendo que a sabedoria e o caminho Dele são maiores do que os nossos.

Fale com Deus acerca de seus sentimentos, sobre seus sonhos e projetos. Você pode também pode

falar sobre outras pessoas orar pelas necessidades delas, ou perguntar como pode amá-las e ajudá-las.

Como a orar?

Mantenha as seguintes coisas em mente enquanto usando as orações:

1. Fé : Sempre que formos orar precisamos acreditar que Deus vai nos responder e entregar em nossas mãos o que pedimos.

Ora, a fé é o firme fundamento das coisas que se esperam, e a prova das coisas que não se vêem.
Hebreus 11:1

2. Ore com verdade: assim nós podemos ter um relacionamento e um encontro real com Deus.

   Perto está o Senhor de todos os que o invocam, de todos os que o invocam em verdade.

   Salmos 145:18

3. Ore com arrependido: porque esse tipo de oração Deus ouve.

Os sacrifícios para Deus são o espírito quebrantado; a um coração quebrantado e contrito não desprezarás, ó Deus.

Salmos 51:17

4. Ore com amor em seu coração:

Bem-aventurados os limpos de coração, porque eles verão a Deus;

Mateus 5:8

5. Faça as orações de gratidão com um sentimento de gratidão por Deus.

Entrai pelas portas dele com gratidão, e em seus átrios com louvor; louvai-o, e bendizei o seu nome.

6. Salmos 100:4

7. Orar com fervor e paciência.

Esperei com paciência no SENHOR, e ele se inclinou para mim, e ouviu o meu clamor.

Salmos 40:1

8. Ore a partir do centro da vontade de Deus.

E esta é a confiança que temos nele, que, se pedirmos alguma coisa, segundo a sua vontade, ele nos ouve.

1 João 5:14

9. Ore com plena certeza confiança em Deus e que sua oração vai ser respondida e o milagre vai acontecer.

Disse-lhe Jesus: Não te hei dito que, se creres, verás a glória de Deus?

João 11:40

Não importa quão pequena é a sua oração, Deus tem o poder de responder, pois Deus tem todo poder no céu e na terra.

E, orando, não useis de vãs repetições, como os gentios, que pensam que por muito falarem serão ouvidos.

Mateus 6:7

Finalize sua oração

Após dizer tudo o que queria, você pode terminar sua oração, dizendo: "Em nome de Jesus Cristo. Amém ou simplesmente Amém".

Este livro contém mais de 120 orações diárias, para ser usada no dia a dia e em vários momentos da vida tais como: oração da manhã,

oração da tarde, oração pela familia, oração por libertação, oração por libertação e muito mais.

Obrigado você leitores, Deus abençoe você e toda sua familia rica e abundante e não se esqueça de vez

em um enquanto ore também por nós. Fica na paz e que Deus te abençoe. Amém.

Oração por Cura

1º Oração por Cura

Pai, dê a cura divina e livra de todo mal minha vida e minha família. Me cubra com seu manto, cuide de minhas preocupações, ansiedade. Nos der forças para

vencer todas as lutas, dificuldades e obstáculo que possa surgi. Console a minha alma e acalma o meu coração. Senhor, mostra-me o caminho que devo seguir me livra de todo mal. Em nome de Jesus Amém.

2º ORAÇÃO POR CURA

Deus,
em tuas mãos coloco minha saúde para o Senhor me livrar de todo mal. Cuida de tudo que tenho. Abençoe a nossa

vida, nos dando luz, paz e alegria. Jesus nesse momento entrego a minha vida e o meu caminho em suas mãos. Amém.

3º Oração por Cura

Senhor,
dê Saúde ao corpo e a alma. Todo espírito do mal que tem tentado causar briga, discórdia, desemprego, vício e doença vai

embora agora no nome de Jesus e que o seu amor, que o seu cuidado e a paz encham minha vida e da minha família todos os dias. Amém.

Roberto Victorio

4º Oração por Cura

Meu Pai,
entra na minha casa e na minha vida e na minha família e cuide de todos nós. Derrame sua Cura Divina e o seu amor em nossas

vidas. Espírito santo, enche o meu coração e a minha vida com a sua alegria, com a sua felicidade com a sua paz. Divino Pai, obrigado por acordar e que esse dia. Amém.

5º Oração por Cura

Divino Pai,
derrame sua cura sobre nossa vida, cuide de minhas dores, preocupações, angustia e ansiedade. Nos der forças para vencer todo mal.

Console a minha alma e calma o meu coração. Senhor, mostra-me o teu poder todos os dias. Amém.

6º Oração por Cura

Pai,
tire todo medo e conforta os corações das pessoas que estão passando por dificuldades e sofrimento. Abençoe cada lar e

proteja todas as famílias e que a sua luz ilumine os nossos caminhos sempre. Jesus entrego a minha vida em suas mãos. Escreve meu nome no livro da vida. Amém.

Oração da Manhã

7º Oração da Manhã

Divino Pai, obrigado por acordar e que esse dia. Que ele venha ser repleto das suas bênçãos, que o seu poder proteja a minha família, meus

amigos e que a sua luz ilumine os nossos caminhos sempre. Jesus, nesse momento entrego a minha vida em suas mãos. Escreve meu nome no livro da vida. Amém.

8º Oração da Manhã

Deus,
abençoe nosso dia e dai-nos a sua graça e nos ajude a caminhar com alegria. eu te agradeço porque és meu refúgio seguro, onde posso me esconder até que passe o perigo. Livra-me das

tramas dos ímpios, não permitas que eu tropece e preserva minha vida para que eu te louve e anuncie a outros tua bondade. Jesus, escreve meu nome no livro da vida. Amém.

9º Oração da Manhã

Pai

Poderoso, dai-me um coração como Coração de Jesus e graças te dou por me amar incondicionalmente.

Não importa como eu acordei esta manhã, não importa o que eu fiz na última noite, o Senhor me ver como seu filho, pois me ama. Amém.

10º Oração da Manhã

Meu Deus,
ajude- me a amar aqueles que me perseguem. Ajuda -me mostrar compaixão para aqueles que têm me prejudicado. e ajudar-me não lançar a primeira pedra para

aqueles que falam mal contra mim. Pai, conceda-me com um coração que perdoa, assim como o Coração de Jesus. Jesus, nesse momento entrego a minha vida em suas mãos. Amém.

11º Oração da Manhã

Divino Pai, abençoe nosso dia, dai-nos a sua graça e nos ajude a caminhar com alegria. Abençoe, ampare, proteja e guarde nossa,

família e amigos. Jesus, entra na minha casa, na minha vida e no meu coração, pois aqui tem um lugar especial para o Senhor. Amém.

12º Oração da Manhã

Deus Eterno,
visite minha casa, minha vida e cuide de todos nós. Protegei todos os meus passos todos os dias, para que nada de mal

possa me acontecer. obrigado por acordar e que esse dia venha ser repleto das suas bênçãos. Amém.

13º Oração da Manhã

Pai Eterno,
abraça-me com a sua misericórdia e me envolva com seu manto. Guarde a cada dia a minha

vida, minha família, amigos e tudo o que tenho. Me dê vitória, diante dos problemas, lutas, dificuldades, afeiçoes. Amém.

14º Oração da Manhã

Deus, por favor, tire todas as minhas preocupações e medos. Dá-me forças para superar todos os testes que estou experimentando neste momento. Guia, proteja, minha vida, minha família, e os meus entes queridos sempre. Jesus nesse momento entrego a minha vida em suas mãos. Escreve meu nome no livro da vida. Amém.

Oração do Meio Dia

15º Oração do Meio Dia

Pai Nosso,
nesse momento eu peço em especial por essa pessoa que está lendo essa oração que o Senhor venha abençoar a vida dela e guardar de todo mal. Abençoa a

familia dela e continue protegendo, guardando e dando cada dia a sua vitória. Toda obra do maligno feita contra a vida dela seja desfeita em nome de Jesus Cristo. Amém

16º ORAÇÃO DO MEIO DIA

Pai Eterno,
ilumine minha vida, meus caminhos e minha família.

Derrame sua vitória, sua paz, alegria e a prosperidade cada dia mais sobre minha vida. Amém.

Oração da Tarde

17º ORAÇÃO DA TARDE

Pai Eterno, entardeceu e o meu pensamento está em Ti, conceda-me uma tarde tranquilo, que a alegria invada o meu coração. Que a oração seja

sempre o meu primeiro ato, e que tudo em minha volta se ilumine com sua presença. Abençoado seja esta tarde e noite. Amém.

Roberto Victorio

18º ORAÇÃO
DA TARDE

Deus,
que saia de cima de mim todo peso que Carrego e saiam da minha frente todos os Obstáculos e barreira

que saiam da minha vida todas as dores e tudo que me impede de prosseguir e prosperar. Amém.

19º ORAÇÃO
DA TARDE

Deus, que venha sobre mim a sua luz, o seu amor, a sua misericórdia. E, aqueles que eu tocar sintam o seu

amor, e aqueles que eu pensar sintam a sua misericórdia e carrinho. Amém.

Oração da Meia Noite

20º ORAÇÃO DA MEIA NOITE

Deus,
Nesta noite proteja minha vida de todo mal noturno e guia os meus passos durante este novo dia, para

que nada de mal possa me acontecer, e protegei Todas as pessoas que eu amo. Amém.

21º ORAÇÃO DA MEIA NOITE

Amoroso Senhor,
graças te dou por essa noite,
como este no meio dela.
Eu oro ao Senhor para enviar seus

anjos, para guardar a nossa noite,
abençoe o nosso descanso.
Amém!

Oração Noite e para Dormir

22º ORAÇÃO DA NOITE E PARA DORMIR

Meu Deus,
só o Senhor me fazes habitar em segurança e enquanto eu me entrego confiante ao sono, como uma criança

que dorme feliz em teus braços e descansarei tranquilo. Me abençoa abundantemente nesse novo dia. Amém.

23º ORAÇÃO DA NOITE E PARA DORMIR

Pai Eterno,
Terminou o dia, quero agradecer por tudo que fizeste e pela família eu me deste, por meus amigos e por ter caminhado comigo

durante todo esse dia. Que a noite venha ser maravilhosa e que sua presença seja sempre presente em minha vida. Amém.

24º ORAÇÃO DA NOITE E PARA DORMIR

Divino Deus,
mais uma noite se inicia peço força e saúde. Peço também uma noite abençoada e tranquila e na hora que eu for dormir eu venha ter um sono

abençoado e reparador e que a sua paz continua inundado o meu ser. Em nome do pai, do filho e do Espírito Santo. Amém.

25º ORAÇÃO DA NOITE E PARA DORMIR

Meu Deus e Pai,
nos abençoe com uma
boa noite de sono e com descanso.
Obrigado, por mais uma vez, ter um

dia inteiro abençoado.
Perdoe-nos se tivermos cometido
um erro e me purifique todos os dia.
Amém.

Roberto Victorio

26º ORAÇÃO DA NOITE E PARA DORMIR

Pai Eterno,
obrigado pelo dia que acabou. Obrigado por chegámos de novo à noite. Dá ordem aos seus anjos para proteger minha vida e minha familia de todo mal. Me Faça Forte e Corajoso. Guarde a minha

saída e a entrada em minha casa e o meu dormir, meu acordar e nos envolva com seu manto
e ilumine a nossa vida. Amém.

27º ORAÇÃO DA NOITE E PARA DORMIR

Senhor, obrigado pelo dia que acabou. Obrigado pela incansável orientação sua em nossas vidas. Toma esta noite em suas mãos e que eu tenha

uma noite agradável e consiga descansar e acordar com as minhas energias restaurados. Amém.

28º ORAÇÃO DA NOITE E PARA DORMIR

Pai,
em paz me deito e me levanto porque tu estás comigo. Guardando-me e protegendo-me nesse sono

arrancando todo cansaço e fadiga que suas bênçãos sejam sobre a minha casa e minha vida. Amém.

29º ORAÇÃO DA NOITE E PARA DORMIR

Pai,

Senhor, irei dormir e reconheço o teu agir em cada pequena conquista. Obrigado por teu zelo e

cuidado, manifestados a mim até mesmo nos mínimos detalhes. Amém.

Oração da Madrugada

30º ORAÇÃO DA MADRUGADA

Pai nessa,
nessa madrugada entrego toda minha família em suas mãos para o senhor aguardar de todo mal.

Tomar cada pessoa que nesse momento está precisando de alguma ajuda, realiza o seu milagre na vida dela abençoe a todos que estão precisando do seu socorro. Amém.

31º ORAÇÃO DA MADRUGADA

Pai eterno,
diante do teu altar colocar a minha vida e te entrego todos os meus projetos e

sonhos para o senhor fazer com que eles venham se cumprir. Ajuda-me na caminhada todos os dias. Amém.

32º ORAÇÃO DA MADRUGADA

Pai nosso,
entra com providência na minha saúde e na minha vida espiritual e material. Dê-me sabedoria para

vencer todos os obstáculos do dia a dia. Que o seu amor e o seu poder vêm sobre minha vida. Amém.

Oração da Semana

33º ORAÇÃO DA SEMANA

Deus,
nova semana que se inicia,
que seja um recomeço em minha
vida. Quero entregar esta semana

em suas mãos, que seja uma
semana de muitas bênçãos e
realizações. Amém.

34º ORAÇÃO
DA SEMANA

Pai,

nessa semana envie seus anjos para
guarda a minha familia,
proteger e repreender todo

mal, guarda-me debaixo dás
tuas asas e aonde eu pisar que o
Senhor e proteja e abençoe.

35º ORAÇÃO
DA SEMANA

Meu Pai,
que seja uma semana de vitórias
e que todas as portas estejam

abertas, dá-me sabedoria, alegria,
paz. Amém.

Roberto Victorio

36º ORAÇÃO
DA SEMANA

Deus,
esteja comigo em todos os lugares e esteja com todos que buscam a sua presença.

Haja paz, amor, misericórdia, esperança e que nós tenhamos fé para recebermos as curas Divinas. Amém

Oração da Família

37º Oração da Família

Meu Deus,
nesse momento te entrego as minhas causas para me dê vitória. Que a sua alegria e sua felicidade. Que a

minha família vem a ser uma referência e que as pessoas possam ver a sua glória sobre a minha casa. Amém.

38º Oração da Família

Deus,
proteja minha família de
todos os males, e livra-os do
inimigo. Que o Senhor nos ampare

nas horas difíceis concedendo-nos a
graça que tanto necessitamos.
Nos fortaleça todos os dias. Amém.

Roberto Victorio

39º Oração da Família

Deus,

Abençoe minha família e proteja de Mal.

Me dê vitória nos dias difíceis pois necessitamos de seu poder .
Amém.

40º Oração da Família

Pai bendito,

sei que o seu amor e seu carinho por mim e por minha família é grande. Toma a união entre todos os membros da minha casa.

Jogue por terra toda briga e discussão e desentendimento, pois sei que o senhor tem cuidado de todos nós. Amém.

41º Oração da Família

Pai,
que a minha família vem a ser referência para todas as famílias em meu redor. A sua luz vem iluminar cada membro da minha casa e que

todos nós viemos ter mais prosperidade, saúde, paz, amor e alegria. Amém.

42º Oração da Família

Pai,
a família foi criada por ti e precisamos da sua proteção para que ela continua sendo uma benção para que o mundo. é que a nossa casa seja repleta do seu amor.

Ajude-nos a ter uma casa e uma família cheia da sua felicidade para que o seu nome venha a ser glorificado. Amém.

Roberto Victorio

Oração do Livramento

43º ORAÇÃO DO LIVRAMENTO

Pai,
neste momento peço que o senhor renove nossas forças, aumente nossa fé e abençoe nossa vida

poderosamente. Visite também nossa familia e amigos dá livramento de morte livra de toda doença. Amém.

Roberto Victorio

44º ORAÇÃO DO LIVRAMENTO

Pai,

acalma o meu coração e inclina Teus ouvidos para minha oração. Traga paz e esperança para as pessoas que amo que nesse momento encontram-se aflitas por estarem passando por dificuldades, dores, e vícios. Traz o seu milagre sobre todos. Amém.

45º ORAÇÃO DO LIVRAMENTO

Nosso Pai,
eu acredito no seu livramento e que o Senhor me criou para um propósito especial, e que o Senhor tem um plano perfeito para a minha vida. Eu peço que cumpra o esse propósito em mim, e me ajude a fazer a minha parte, buscando o Senhor diariamente através da oração e da sua palavra. Amém.

46º ORAÇÃO DO LIVRAMENTO

Meu Deus,
seja a minha Luz em
dias de escuridão e livra-me do mal,
tira as nossas angústias nos dando a

sua paz, bondade e amor. Te Amo
com todas as minhas
forças. Amém

Oração forte de libertação

47º ORAÇÃO FORTE DE LIBERTAÇÃO

Meu Deus,
entrego a minha vida para o Senhor entrar com providência e me livrar de todo qualquer tipo de vício. Dai-me força para vencer toda

tentação que possa vim sobre mim. Segure nas vias mãos e me der sua vitória. Amém.

Roberto Victorio

48º ORAÇÃO FORTE DE LIBERTAÇÃO

Deus,
Liberta-me de tudo que tem me afastado de ti. Tira da minha vida o desânimo, o cansaço e toda a

frustração. Creio que o Senhor tens o poder de mudar a minha história e mudar a minha vida. Manifesto o teu poder em mim. Amém.

49º ORAÇÃO FORTE DE LIBERTAÇÃO

Pai eterno,
a sua palavra dez conhecereis a verdade e a verdade vos libertar então venha e liberte-me dê tudo

aquilo que tem impedido de me aproximar da sua presença. Espírito Santo envolva-me com sua presença. Amém.

50º ORAÇÃO FORTE DE LIBERTAÇÃO

Pai,
liberta-me de todo mal e de tudo que tem tentado influenciar a minha vida para permanecer envolvida em coisas que é desagradável ao senhor. Deus, somente o senhor tem um

poder para estender a sua mão e me libertar de todo mal. Peço que me liberte em nome de jesus. Amém.

51º ORAÇÃO FORTE DE LIBERTAÇÃO

Deus,
ajuda-me a ti adorar cada dia espírito verdade. em chame a alma

com a sua alegria e com a sua paz e que sua libertação seja plena em mim, hoje e sempre. Amém.

52º ORAÇÃO FORTE DE LIBERTAÇÃO

Deus, obrigado por tudo que tens feito e pela nova vida que me concedes mediante a salvação em Cristo Jesus.

Não deixarei que nenhum vicio a pressione- me, pois em ti sou livre. Amém.

Oração para Começar Bem o Dia

53º Oração para Começar Bem o Dia

Pai,
nesse dia que se inicia peço que o Senhor venha fazer com que ele esteja cheio das suas bênçãos e que

ele venha ser maravilhoso e me ajuda cumprir todas as minhas tarefas. Que tudo venha sair de forma perfeita. Amém.

Roberto Victorio

54º Oração para começar bem o dia

Deus Amado, te agradeço por acordar e esse dia, que ele seja repleto da sua paz, do seu cuidado. Deus, que a sua proteção vem a cada dia se fazer presente em minha vida e o Seu Amor, e o seu carinho se manifeste cada dia mais em mim. Amém.

Roberto Victorio

55º Oração para Começar Bem o Dia

Meu Pai,

à noite passou e mais um dia chegou, segura e nas minhas mãos e me conduza para dentro do seu

amor. Derrama sua proteção sobre mim e abençoe o meu trabalho. Obrigado por tudo que está fazendo em minha vida. Amém.

56º Oração para começar bem o dia

Deus, que as suas promessas venham se cumprir na minha vida. Te entrego a minha vida. Ajude-me a enxergar saída no meio de e a resolver todos

os problemas que possa surgir. Sei que o senhor tem olhado por mim todos os dias, te agradeço por tudo. Amém.

57º *Oração para Começar Bem o Dia*

Pai,
ilumina o meu caminho e ajuda-me a enxergar o motivo de meus problemas. Ajuda-me a

resolver todo o caos que ele promove na minha vida. Estende sua mão e derrame sua vitória. Amém.

Oração Pela Mães

58º ORAÇÃO PELA MÃES

Deus eterno,
te agradeço pela mãe que me deste. Continue guardando, protegendo de todo mal. Que ela

continua sendo um canal de bênção que tem sido pai minha vida. Livre-a de todo mal todos os dias a sua vitória. Amém.

59º Oração Pela Mães

Senhor Meu Pai,

Proteja e abençoa a minha mãe com saúde, alegria, paz e prosperidade.

Quero ser um bom filho todos os dias para ela e, estar atento às necessidades de minha mãe protegendo-a sempre. Amém.

Oração Pelo Pai

60º Oração Pelo Pai

Deus,
te agradeço pelo meu pai, que ele venha ser forte e corajoso e continue

sendo uma benção. Venha aguardar, protege todos os dias. Amém.

Roberto Victorio

Oração pelo Bebê

61º ORAÇÃO PELO BEBÊ

Pai,

neste momento entrego meu bebê nas suas mãos. Venha preparar o

futuro de dele e dê sabedoria para ele escolher as amizades certas e de livramento de todo. Amém.

Oração para Dormir em Paz

62º Oração para Dormir em Paz

Deus eterno,
Me dê uma noite agradável e que eu consiga descansar e acordar com as

minhas energias restauradas.
Amém.

63º Oração para Dormir em Paz

Pai Eterno,
em paz me deito e me levanto porque tu estás comigo me guardando e me protegendo. Arrancando todo cansaço e fadiga

que o dia produziu. Ao a acordar às suas bênçãos sejam sobre a minha casa e a minha vida. Amém.

64º Oração para Dormir em Paz

Deus,
Vou me deitar que toda insônia sai, que eu consiga pegar no sono e ter uma noite reparadora. Que eu venha dormir com uma criança sem nenhuma preocupação e consiga descansar eu sei que estás comigo, abençoando a minha caminhada. Amém.

65º Oração para Dormir em Paz

Meu Pai,
nesse momento irei descansar me ajude a pegar no sono, tire toda a angústia e tristeza. Amém.

66º Oração para Dormir em Paz

Poderoso Deus,
ao me deitar descansarei e
entregarei todas as minhas

preocupações. Sei que trabalha em
meu favor e me dar a sua vitória.
Amém.

Roberto Victorio

Oração para abrir os caminhos

67º ORAÇÃO PARA ABRIR OS CAMINHOS

Deus Amado,
abra todos os meus caminhos, tira todos os impedimentos, pois muitas

barreiras tenham surgido e só o Senhor pode me ajuda. Amém.

Roberto Victorio

68º ORAÇÃO PARA ABRIR OS CAMINHOS

Pai,
preciso de ti, abra todos os meus caminhos, ilumine minha vida e

conduz-me a vitória e conquista e me ajudar a vencer todos os dias. Amém.

Roberto Victorio

69º Oração para abrir os caminhos

Meu Pai,
cuida de mim, pega-me em teus braços e faze-me descansar. Preciso

do repouso e da proteção que só tu podes oferecer. Continue abrindo o meu caminho. Amem.

Oração para Conquistar um Emprego

70º ORAÇÃO PARA CONQUISTAR UM EMPREGO

Deus,
abre a porta de emprego e que nunca venha se fechar. Abençoe a

minha vida e coloca todas as coisas no lugar. Tome a direção de todas as coisas que fogem do meu controle.

Ajuda-me a
organizar o meu tempo para que eu consiga fazer todas as coisas. Amém

71º ORAÇÃO PARA CONQUISTAR UM EMPREGO

Pai Eterno,
dai-me paz, alegria, felicidade e sabedoria para lidar com os imprevistos da vida. Que eu consiga um bom emprego, com um salário além das minhas expectativas com

um excelente horário, com plano de saúde, com alimentação no local e com ônibus para me levar e trazer. Em nome de Jesus. Amém!

Roberto Victorio

Oração para o Casamento

72º ORAÇÃO PARA O CASAMENTO

Deus amados, entrego meu casamento nas suas mãos que venha ser melhor do que ontem. Não há casamento tão bom que não possa ser melhorado e tão

ruim que não possa ser tornar bom. Pai, dai-me sabedoria todos os dias para o surpreende o meu amor. Amém.

Roberto Victorio

73º ORAÇÃO PARA O CASAMENTO

Divino Deus,
toma o meu casamento em suas mãos continua fazendo com que ele seja espelho para outros. Nos dê

sabedoria para resolver todo e qualquer problema que surgir. Amém.

Oração Pela vida Financeira

74º ORAÇÃO PELA VIDA FINANCEIRA

Pai,
abençoe a minha vida financeira. Dai-me sabedoria para conduzir os meus negócios para que

venha ser mais abençoado e mude o quadro da minha vida financeira. Amém.

75º ORAÇÃO PELA VIDA FINANCEIRA

Meu Pai,
me ajude a vencer na vida, pois a sabedoria está em ti. Eu penso que o senhor me prospere na vida

financeira. Para ter sustento na minha casa e também para ajudar aqueles que precisam. Amém.

Oração por Prosperidade

76º ORAÇÃO POR PROSPERIDADE

Pai Eterno,

fortalece-me nos dias de tribulação e me ajuda na caminhada. Senhor, cuide da minha vida material,

sentimental. Que sua prosperidade esteja em minha casa todos os dias console a minha alma e o Meu coração. Amém.

77º ORAÇÃO POR PROSPERIDADE

Deus,
peço que o Senhor prepare uma mesa farta para mim e minha casa

todos os dias, de paz e de felicidade reine em nossa vida para sempre. Amém.

Oração Antes da Alimentação

78º Oração antes da alimentaç ão

Pai eterno,
rendo graças a tia por esta alimentação que o senhor tem providenciado. Que nunca venha faltar o alimento na minha.

Roberto Victorio

79º ORAÇÃO ANTES DA ALIMENTAÇÃO

Pai,
obrigado por essa alimentação que a minha casa continue tendo uma mesa farta todos os dias. Obrigado por tudo que o senhor tem providenciando continua nos dando prosperidade. Amém.

80º ORAÇÃO ANTES DA ALIMENTAÇÃO

Deus,
tu és o criador, sustentador,
e provedor de tudo. Abençoe- nós a
comida que estamos prestes a
comer. Nós agradecemos por tudo

que Senhor forneceu-nos, e
nós somos sempre ser grato ao
Senhor. Pois sem a sua ajuda, nada é
possível. Obrigado por tudo.
Amém!

Roberto Victorio

Oração por Aniversário

81º Oração por Aniversário

Bondoso Deus, nessa data especial de mais uma primavera eu peço que o senhor me abençoe e abençoe a todos que que estão fazendo aniversário. Faça com que todos os nossos projetos e sonhos venham se realizar. Amém.

Oração por Tempos Difíceis

82º ORAÇÃO POR TEMPOS DIFÍCEIS

Eterno Deus,
nesse momento eu tenho vivido o momento, mas difícil da minha vida.

Ajuda-me a ser vitorioso pois eu creio no seu poder Amém.

Roberto Victorio

83º Oração por Tempos Difíceis

Deus,
entrego a ti toda a ansiedade, angustia, tristeza que sinto e clamo por socorro.

Pai, dou-te graças, e que tua paz venha e inunde meu coração e minha mente. Amém.

Roberto Victorio

84º Oração por Tempos Difíceis

Deus bendito,
toma a minha vida e alegra o meu coração com toda sorte de benção e o meu rosto resplandecerá. Para que o seu poder

seja visto por todos à minha volta e saibam que o senhor é bom e vejam a obra que tens feito em mim.
Amém.

Oração Antes do Estudo

85º Oração Antes do Estudo

Meu pai,
abra o meu entendimento para o estudo que eu venha compreender tudo. Que eu venha lembrar

de tudo na hora de fazer a prova e que eu venha conseguir tirar a nota máxima é o que eu te peço em nome de Jesus. Amém.

Roberto Victorio

86º Oração Antes do Estudo

Deus,
o senhor é aquele que dar sabedoria. Peço que o senhor encha a minha vida da tua sabedoria. Que nos estudos eu compreenda e consiga

guardar tudo. No momento que eu precisar eu venha a conseguir lembrar. Amém.

Oração Pelo Cônjuge

87º Oração Pelo Cônjuge

Pai,
obrigado pelo marido que o Senhor me deste. Continue abençoando e

dando forças, alegria e sabedoria para continuar conduzindo a nossa familia. Amém.

88º ORAÇÃO PELO CÔNJUGE

Pai eterno,
tome a minha esposa nas suas mãos fortalece ela continua dando

sabedoria ela que ela continue a ser uma benção para a nossa. Amém.

Oração de Gratidão

89º Oração por Gratidão

Meu Pai,
obrigado por hoje, ontem e por amanhã, por minha familia, por minhas alegrias,

pelas tristezas, que me fizeram mais forte, por sua orientação e proteção. Obrigado por tudo. Amém.

90º ORAÇÃO POR GRATIDÃO

Deus,
obrigado pelo seu apoio contínuo e pelo seu amor. Precisamos da sua ajuda todos os dias. Muito obrigado,

pela força que nos dá, pois terminamos as nossas atividades corretamente. Abençoe a nossa família, amigos e a nossa casa. Tire toda e qualquer doença e destruição de nossas vidas. Amém.

91º Oração por Gratidão

Eterno Deus,
obrigado, pois é quem eu procuro cada dia e o Senhor vai me guiar ao longo da minha existência no

melhor caminho para minha vida. Me dando amor, alegria e condição de me manter na sua presença. Amém.

92º Oração por Gratidão

Obrigado, Senhor, por este novo dia. Quero aproveitá-lo da melhor forma possível, sendo sal e luz no mundo e fazendo o que

agrada o teu coração derrame felicidade em nossa vida para sempre. Amém.

Oração para Deus Tirar as Preocupações

93º Oração para Deus Tirar as Preocupações

Deus, peço que tire as minhas preocupações, ansiedade e me livre de todo mal. Nos der forças para vencer todas as lutas e dificuldades

e obstáculo que possa surgi e
fortalece-me nos dias de tribulação e

me ajuda na caminhada. Console a
minha alma e acalma o meu coração.
Amém.

Oração Contra o Mal

94º Oração Contra o Mal

Pai Nosso,
que a sua luz ilumine meus caminhos e de toda minha família. Todo demônio, que tem tentado

impedir que a prosperidade, a saúde, alegria permaneça em minha família e na minha vida eu te expulso agora em nome de Jesus. Amém. Senhor Jesus, cuide da

minha vida material e derrame sua vitória cada dia sobre minha vida e minha casa. Amém.

95º Oração Contra o Mal

Pai Nosso,
desfaz toda obra das trevas que se levanta contra
minha vida e minha família.

Em nome de Jesus, o mal não vai influenciar minha família, minha vida. Amém.

Oração por Proteção

96º Oração por Proteção

Deus,
protegei todos os meus passos todos os dias, para que nada de mal possa me acontecer.

obrigado por acordar e que esse dia venha ser repleto de toda sorte de bênçãos. Amém.

Oração Diversas

97º ORAÇÃO DIVERSAS

Pai Eterno,
somente em Ti encontro a paz e alegria. Acolhe- me em Teus braços e de esperança. Todos os

meus problemas tornam-se pequeninos diante do Teu poder. Todas as enfermidade e males são curados. Amém.

Roberto Victorio

98º ORAÇÃO DIVERSAS

Pai,
diante do seu altar, renovo as minhas forças em cada amanhecer. Que eu saiba recuar no momento certo e saiba também perdoar quem me ofendeu. Que as Tuas mãos estejam sobre nós em momentos difíceis e dê-me forças para lutar, pois a vitória é certa em ti. Amém.

Roberto Victorio

99º ORAÇÃO DIVERSAS

Deus e Pai,
Sei que todas as minhas necessidades serão supridas, porque a Tua misericórdia é presente em minha vida, em minha família e

nada me faltará. Proteja todos que nesse momento atravessam dores e angústia e derrama a Tua salvação. Amém.

100º ORAÇÃO DIVERSAS

Pai,
dá-me forças para suportar os dias difíceis, meus

medos, ansiedade, e nunca perder a esperança. Amém.

101º Oração Diversas

Deus, dá-me sabedoria para escolher sempre o melhor, não as minhas vontades, mas o que o Senhor quer pra minha vida. Amém.

102º ORAÇÃO DIVERSAS

Pai Eterno,
ensina-me a ser mais grato(a) e nunca perder a minha fé,

nunca desacreditar do Teu amor. Amém.

Roberto Victorio

103º Oração Diversas

Pai,
que o teu amor na minha vida e nas vidas daqueles que amo venha se fazer presente.

Tua misericórdia esteja presente todos os dias em nossas vidas. Amém.

104º Oração Diversas

Deus,
suplico diante do teu altar por minha vida, minha família,

amigos para o Senhor nos abençoar. Amém.

105º Oração Diversas

Espírito Santo, toma direção da minha vida. Dai-me sabedoria e

discernimento para vencer os desafios que veem em nossas vidas. Amém.

106º ORAÇÃO DIVERSAS

Deus,
dai-nos força, saúde e alegria.
Não permita que o mal venha sobre

nossas vidas, onde quer que
andarmos. Amém.

Roberto Victorio

107º ORAÇÃO DIVERSAS

Senhor, esteja à frente quebrando toda maldição, pois tens todo poder no céu e na terra. Senhor Jesus, nesse momento entrego minha vida e meus caminhos em suas mãos. Escreve meu nome no livro da vida Amém.

108º ORAÇÃO DIVERSAS

Pai Nosso,
abençoe nosso dia, nossa família e amigos. Inunde o nosso coração com seu amor.

Derrame em nossas vidas toda sorte de Benção. Amém.

109º Oração Diversas

Pai,

não permita que o mal venha sobre nossas vidas. Por onde quer que andarmos o senhor esteja à frente

que brando toda maldição, pois o Senhor tens todo poder no céu e na terra. Amém.

110º Oração Diversas

Senhor Jesus,
traz a existência da sua graça, sua benção, sua alegria sobre mim todos os dias. Mude minha história. Amém.

111º Oração Diversas

Eterno Deus,
em tuas mãos coloco minha vida, minha família e tudo o que tenho.

Para o Senhor fazer o seu milagre em nós. Amem.

112º ORAÇÃO DIVERSAS

Meu Deus,
peço que tire as minhas preocupações, ansiedade e

me livre de todo mal. Amém.

113º Oração Diversas

Pai Amado,
bençoe a nossa vida, nos dando luz, paz e alegria. Fortalece-me nos dias de tribulação

e me ajuda na caminhada e principalmente nos momentos difíceis. Amém.

Roberto Victorio

114º Oração
Diversas

Deus,
console a minha alma e acalma o Meu Coração.

Glorifica o teu nome em meu viver. Amém.

115º Oração Diversas

Deus Meu, serei forte e corajoso todos os dias e darei passos de fé em obediência e temor à tua Palavra. Tenho consciência de que não devo

oscilar entre um pensamento e atos. Pai, mostra-me claramente o que queres para mim. Portanto, obedecerei a tua orientação. Amém.

116º ORAÇÃO DIVERSAS

Pai Eterno,
quero alegrar o teu coração,
imitando-o, como um filho amado.
Tu és meu exemplo e desejo sempre

reproduzir as tuas boas virtudes e
ter um coração igual o seu e olha
com seus olhos e perdoa com seu
perdão. Amem.

Roberto Victorio

117º ORAÇÃO DIVERSAS

Senhor, entrego os meus planos a ti e todos os meus caminhos e deixo que tu os conduzas de acordo com a tua vontade. Para que eu possa ao cansar a tua vitória. Amém.

Roberto Victorio

118º Oração Diversas

Pai Eterno,
sonda o meu interior e vê se há algo de mau. Limpa-me e perdoa-me. Que em vez de apontar o dedo

para o pecado de meus irmãos, eu reconheça os meus e ponha-me em sincero arrependimento diante de ti. Para a mudança de vida me alcançar. Amém.

119º ORAÇÃO DIVERSAS

Deus Meu,
Me ajuda a não vacilar diante dos problemas. Peço que me sustentes,

na força do teu poder, pois, assim, conseguirei superar e vencer os dias maus. Amém.

120º ORAÇÃO DIVERSAS

Deus,
como é muito bom saber que estás comigo sempre e que jamais

me deixarás. Tua doce presença me faz repousar seguro mesmo em momentos turbulentos o seu poder se manifesta. Amém.

Roberto Victorio

121º Oração Diversas

Deus,
me ajuda a ser seletivo em relação a todo tipo de orientação que receber.

Dá-me discernimento para separar o que é bom do que é mau. Escolher sempre o melhor. Amém.

Roberto Victorio

122º ORAÇÃO DIVERSAS

Pai,
dá-me forças, paz, alegria em todos os momentos da vida e me lembre

de que sempre estás ao meu lado para me fortalecer. Amém.

123º ORAÇÃO DIVERSAS

Deus,
sei que existe inúmeras palavras de ânimo e de fé encontro na sua palavra! Sei que não devo temer,

pois tenho um grande Deus ao meu lado que jamais me abandonará. Amém.

Made in United States
North Haven, CT
05 June 2023

37392542R00093